AF110238

www.ingramcontent.com/pod-product-compliance
Lightning Source LLC
La Vergne TN
LVHW021241080526
838199LV00088B/5441

* 9 7 8 9 3 5 8 7 2 4 4 6 2 *

تنقید اور ادبی تنقید

کلیم الدین احمد

© Kaleemuddin Ahmad

Tanqeed aur Adabi Tanqeed

By: Kaleemuddin Ahmad

Edition: February '2024
Publisher :
Taemeer Publications LLC (Michigan, USA / Hyderabad, India)

ISBN 978-93-5872-446-2

© کلیم الدین احمد

کتاب	:	**تنقید اور ادبی تنقید**
مصنف	:	**کلیم الدین احمد**
پروف ریڈنگ / تدوین	:	اعجاز عبید
صنف	:	تنقید
ناشر	:	تعمیر پبلی کیشنز (حیدرآباد، انڈیا)
سالِ اشاعت	:	۲۰۲۴ء
صفحات	:	۲۴
سرورق ڈیزائن	:	تعمیر ویب ڈیزائن

کلیم الدین احمد کا یہ معرکہ آرا مضمون سیّد احتشام حسین کی کتاب 'تنقیدی نظریات' حصہ اول سے اخذ کیا گیا ہے۔ یہ کتاب ۱۹۵۸ میں ترتیب دی گئی تھی۔

یہ مضمون تنقید پر اتنا وقیع ہے کہ اپنی اشاعت کی نصف صدی، وہ نصف صدی جو تنقید کے سب سے زیادہ فروغ سے عبارت ہے کے بعد بھی نہ صرف یہ کہ تازہ کار ہے بلکہ قاری کو اپنے روّیوں کے بارے میں بہت کچھ سوچنے پر مجبور کرتا ہے اور تنقید کی اصلیت سے آگاہ کرتا ہے۔ غالباً ہمارے زمانے کے نام نہاد نقاد بھی تنقید کے منصب سے اس طرح آگاہ نہیں ہیں جس کا مطالبہ یہ مضمون ادب کے نقاد اور قاری دونوں سے کرتا ہے۔

"تنقید ہماری زندگی کے لیے اتنی ہی ناگزیر ہے جتنی سانس"۔

یہ جملہ ایلیٹ کا ہے اور میری نظر میں بڑا عمیق اور بڑی گہرائی اپنے اندر رکھتا ہے۔ گرچہ شواہد ایسے موجود ہیں جن سے پتا چلتا ہے کہ خود ایلیٹ کے نزدیک کوئی عمق اور کوئی گہرائی اس جملے میں نہ تھی۔ یہ بات اتفاقاً کسی اضطراری جذبے کے ماتحت اس کے قلم سے نکل گئی تھی، اسے محسوس تک نہ ہوا کہ وہ کیا کہہ گیا۔ حالاں کہ اس سیدھے سادے جملے نے واقعتاً اسب سے بڑی اور بیش بہا صداقت کا سر انجام لیا ہے، اس جملے کو ایک مرتبہ پھر پڑھیے، وہ کہتا ہے: "تنقید ہماری زندگی کے لیے اتنی ہی ناگزیر ہے جتنی سانس" اور یہ واقعہ ہے کہ تنقید ایک فطری نعمت اور بیش بہا ودیعت ہے، اتنی ہی فطری اور بیش بہا جتنی کہ 'بینائی' یا 'گویائی' کی نعمت ہے بلکہ شاید اس سے بھی زیادہ۔ لیکن بینائی یا گویائی ہی کی قدر و قیمت کو ہم پوری طرح کب پہچانتے ہیں؟ عام طور پر تو لوگوں نے بس فرض سا کر لیا ہے کہ ہاں یہ چیزیں بھی ہیں حالاں کہ یہ چیزیں بھی اتنی ہی ناگزیر ہیں جتنی کہ نفس کی آمد و شد ہمارے لیے ناگزیر ہے۔ اصل یہ ہے کہ نعمتوں کی 'فطریت' اور 'ناگزیری' نے ان کی حقیقی قدر و قیمت اور حیثیت اور منزلت کو ہماری نظر سے اوجھل کر دیا ہے، بچہ اپنی آنکھوں کو استعمال کرتا ہے اور ان کا استعمال خود بخود ہی سیکھتا ہے، اس کی قوتِ گویائی نشو و نما پاتی ہے تو اس کی نشو و نما بھی تقریباً آپ ہی آپ ہوتی ہے۔ اس میں ایک بات یہاں اور جوڑ لیجیے کہ بچے کی تنقیدی صلاحیت و استعداد بھی اسی طرح بالکل فطری اور طبعی انداز سے خود بخود بڑھتی اور ابھرتی ہے، یہ صلاحیت بڑی دھیمی رفتار سے ابھرتی ہے

اور بالکل غیر مرئی ہوتی ہے اگرچہ ایک مرحلہ ایسا بھی آتا ہے جہاں ہم اسے دیکھ بھی سکتے ہیں کہ فرق و تمیز کی صلاحیت بچّے کے اندر صاف نمایاں ہے مثلاً دو کھلونے اس کے سامنے رکھ دیجیے پھر دیکھیے ان میں سے ایک کو وہ پسند کرلے گا اور دوسرے کو صاف رد کردے گا۔

فرق و تمیز کی اس صلاحیت کا ظہور ہوتا تو آغاز ہی سے ہے مگر ابتدا میں وہ 'طبعی جبلّت' کا انداز لیے ہوتی ہے، بچہ تمیز تو کرتا ہے مگر اس معاملۂ تمیز میں وہ کسی ناقابلِ فہم جبلّت کے زیرِ اثر ہوتا ہے، وہ جو کچھ بھی کرتا ہے سوچ سمجھ کے نہیں کرتا۔ اسے مطلق خبر نہیں ہوتی کہ اس نے جو فلاں حرکت کی تو اس کا اصلی سبب اور محرک کیا تھا، وہ کون سی چیز تھی جو اس عمل کی موجب ہوئی یا اگر کچھ آگہی اس کو ہوگی بھی تو بہت ہی دھندلی دھندلی اور گول مول سی ہوتی ہوگی وہ اپنے کسی عمل کے 'سبب' سے نہ تو پوری طرح خود آگاہ ہوتا ہے نہ اپنی اس 'معقولیت' سے کسی دوسرے کو آگاہ کرسکتا ہے۔ قوتِ نقد و انتقاد تو بیشک موجود ہوتی ہے مگر ناصاف اور غیر مربوط، وہ مختلف چیزوں میں تقابل کرتا ہے، امتیاز برتتا ہے، آنکتا بھی ہے اور تخمینہ بھی کرتا ہے لیکن اس کا یہ آنکنا اور تخمینہ کرنا انتہائی نجی اور شخصی نوعیت کی چیز ہوتی ہے اور اتنی ہی ڈانواں ڈول بھی، یعنی اس میں استقلال بالکل نہیں ہوتا اور جیسا کہ ابھی میں نے کہا، اس کی یہ کیفیت نہایت مبہم سی اور بے ربط ہوتی ہے۔

نقد و انتقاد اور فرق و امتیاز کی واضح اور مربوط صلاحیت کی کمی جس طرح بچوں میں ہوتی ہے اسی طرح جوانوں میں بھی ہوتی ہے، اس معاملے میں دونوں ملتے جلتے سے ہیں۔ عام طور پر ایک جوان آدمی بھی ان اسباب و وجوہ کی کوئی معقول توجیہ نہیں کرپاتا جن کی بنا پر اس کی پسند اور ناپسند کا جذبہ حرکت میں آتا ہے اور وہ ایک چیز کو تو قبول کرلیتا ہے اور

دوسری کو مسترد کر دیتا ہے، بعض خاص چیزوں کو دوسری چیزوں پر ترجیح دیتا ہے، ان میں باہم مقابلہ کرتا ہے ان کی قدر و قیمت کا اندازہ لگاتا ہے اور ایک خاص احساس کی سی کیفیت اس کے اندر پائی جاتی ہے، مگر پوچھیے کہ وجہ ترجیح کیا ہے، تو عموماً وہ یہی کہے گا کہ 'بس مجھے پسند ہے'۔ یہ انداز بیان کے اندر کوئی بات نہیں ہوتی۔ آج تنقید کے نام سے بھی جتنی چیزیں گزر رہی ہیں ان میں بھی آپ یہی نقص پایئے گا۔ ان میں بڑی طلاقت اور بڑا طنطنہ ہو گا، الفاظ و عبارات کی بھی خوب ہی بہتات ہو گی، دلائل بھی بڑے شاندار ہوں گے اور زاویۂ نظر بھی بڑے شعور اور تمیز داریوں کا حامل معلوم ہو گا، لیکن غور کیجیے تو ان کی حیثیت بھی بنیادی طور پر اس جملے سے بہت زیادہ مختلف نہ ہو گی جو عام طور پر لوگ اپنی روزمرہ کی پسند اور ناپسند کے معاملے میں ظاہر کرتے رہتے ہیں، یعنی وہی بے خبری، عناصر و اصول کی وہی بے شعوری، خود اپنے صادر کردہ فیصلوں کی نوعیت کی طرف وہی ریلا من موجی پن کا، اور وہی فقدان نظم و ترتیب، اس لطافت و نزاکت کا جو تسلّی بخش کیفیات و نتائج کی واحد ضمانت تھی۔

یہ ممکن ہے کہ ایک نقاد ہوڈؔ کی نظم (Ode to Autumn) کو نہایت ہی لطیف و نفیس نظم تصور کرے، یہ بھی ممکن ہے کہ وہ ملٹن کو ڈرنؔ پر ترجیح دے بلکہ یہ بھی ناممکن نہیں کہ اپنی وجہ ترجیح کو حق بجانب ثابت کرنے کے لیے ہمہ قسم کے بظاہر نہایت ہی مستحکم اور دقیقہ رس دلائل بھی پیش کر دے لیکن آخری تجزیہ تحلیل کی میزان پر پہنچ کر تو یہ سارے دلائل عامیوں کے اس بے بصرانہ جملے سے نہ تو بہتر ہی نظر آئیں گے نہ مفید ہی، جو کہہ اٹھتے ہیں کہ "مجھے تو یہی پسند ہے"۔

یہ صحیح ہے کہ تنقید اتنی ہی ناگزیر شے ہے جتنی نفس کی آمد و شد، اور اس کی نشو و نما کا جو حال ہے اسے مشکل ہی سے تسلی بخش کہا جا سکتا ہے، یہ واقعہ ہے کہ ہم لوگ اس کی

طرف سے بڑی سخت بے گانہ وشی اور بے اعتنائی برتتے چلے آرہے ہیں اور ہماری بے حسی اور مردہ دلی کی یہ انتہائی حیرت ناک مثال ہے، تنقید کے بغیر زندگی ناممکن ہے۔ اسی طرح ناممکن، جیسے ہم سانس لینا چھوڑ دیں تو اسی لمحے مر جائیں۔ تنقید ہمارے دم کے ساتھ ہے، یہ ہماری معین ومددگار ہے، ہمیں رستہ دکھاتی ہے اور سنبھالے رکھتی ہے، زندگی کا ایک ایک شعبہ اس کی قوت واثر کو محسوس کرتا ہے اس کا ممنون کرم ہے، اور اس سے فائدہ اٹھاتا ہے، زندگی کا شاید ہی کوئی لمحہ ایسا گزرتا ہو جس میں ہم 'تنقیدی' فیصلے نہ کرتے ہوں، معاملہ چاہے ٹائیوں کے انتخاب کا ہو یا پیشے یا کاروبار کا، یا آمریت کے مقابلے میں جمہوریت کا 'فلارنس نائٹنگیل' کی تحسین ہو یا لکزیریا بورگیا کی تنقیص---- مادّی آسائش و اکرام پر تسکینِ روحانی کی برتری واضح کرنی ہو یا شیکسپیئر کو ایڈگر ویلس سے زیادہ اہم ثابت کرنا---- ہر جگہ ہر چیز، ہر بات میں تنقیدی صلاحیت ہی ہماری راہنما ہوتی ہے۔ کوئی جج ہو یا چور، کوئی حاجی ہو یا تاجر، سائنس داں ہو یا عطائی، وکیل ہو یا ڈاکٹر، سپہ سالار ہو یا فلسفی، حتیٰ کہ طوائف تک---- سب کے سب نقد وانتقاد میں غرق ہیں اور ان میں سے ہر ایک کی کامیابی منحصر اس بات پر ہے کہ وہ اپنی تنقیدی قابلیت وصلاحیت کا استعمال صحیح طور پر کرتا ہے یا نہیں۔

یہاں ممکن ہے یہ اعتراض کیا جائے کہ میں نے اس لفظ تنقید کو ضرورت سے زیادہ ہمہ گیری بخش دی لیکن ذرا ٹھہریے اور غور کیجیے، آپ پر خود واضح ہو جائے گا کہ تنقید کے اس مفہوم میں نہ تو کوئی کمی کی گئی ہے نہ زیادتی۔ اصل یہ ہے کہ تنقید کا استعمال ایک مدتِ دراز سے بہت ہی محدود اور مخصوص معنوں میں ہوتا رہا ہے، اب تک اسے فقط 'ادبی تنقید' کے دائرے میں بند رکھا گیا ہے اس لیے ہمہ گیر صورت میں جب بھی اسے پیش کیا جائے گا ایک اچنبھا سا ضرور محسوس ہو گا، ورنہ ادبی تنقید تو نقد انتقاد کی بے شمار شکلوں میں

سے بس ایک شکل ہے اور غالباً بلند ترین بھی، مگر صرف اسی ایک شکل تک اس کو محدود رکھا گیا جس کی وجہ سے اس کی اہمیت اور قدر و منزلت بہت کم ہو گئی، گرچہ خالص ادبی تنقید بھی بڑی گراں قدر چیز ہے اور اتنی ہی بیش بہا بھی---- تقابل، تجزیہ، فرق و امتیاز اور تعیّنِ قدر و مقام، تنقید کے 'چار پہیے' (یا عناصرِ اربعہ) ہیں۔ انتہائی کَودَن سے کَودَن اور لااُبالی قسم کا آدمی بھی انکار نہیں کر سکتا کہ شعوری یا تحت الشعوری طور پر ہم میں سے ایک ایک فرد، تقابل، تجزیے، فرق و امتیاز اور تعیّنِ قدر و مقام کے عمل میں ہمہ دم مصروف ہے، یعنی ہم اگر چاہیں بھی تو اس 'عمل' کو روک نہیں سکتے جس میں ہم مستقل ڈوبے ہوئے ہیں نہ کسی ہوش مند آدمی کے خواب و خیال میں کبھی یہ بات آسکتی ہے کہ اس عمل کو روک دیا جائے اس کا روکنا تو خودکشی کے مرادف ہے۔

اگر آپ کو اپنا تحفظ و بقا مطلوب ہے تو اس کا راستہ یہی ہے کہ تنقید کو سمجھیے، اس کی حقیقی قدر و قیمت کو پہچانیے، اس کے صحیح استعمال کا طریقہ سیکھیے لیکن یہ راستہ اتنا آسان بھی نہیں کیوں کہ تنقید بلامبالغہ ایک بہروپیا ہے، ایسی ایسی شکلیں بدلتی ہے اور اتنی صورتیں اختیار کرتی ہے کہ اس پر قابو پانا بے حد دشوار ہے لیکن قابو پانا بہرحال ضروری ہے، ہم اس کے اسرار اور رموز سے ضرور واقف ہو سکتے ہیں بلکہ صاف لفظوں میں اسے یوں کہیے کہ تنقید کو ہمیں اپنا اصل موضوع اور مقصود بنانا چاہیے۔ تنقید ایک چمن ہے اور اپنے اس چمن کو ہمیں خود ہی سینچنا اور تیار کرنا پڑے گا۔ ہماری بے مغزانہ بلکہ مجرمانہ غفلت کی وجہ سے تنقیدی صلاحیت و استعداد کی جیسی کچھ نشوونما ہونی چاہیے ہو نہیں رہی ہے، ضرورت اسی لگن کی ہے کہ ٹھیک سے اس کی نشوونما ہو مگر اس کی پوری پوری نشوونما کا واحد ذریعہ محتاط اور صحیح تربیت ہے اور اس تربیت کا آغاز بھی شروع سے ضروری ہے۔ اور جس قدر باقاعدگی بھی اس میں ممکن ہو تو برتی جانی چاہیے، بالخصوص

تعلیم ہی کے زمانے سے کیوں کہ اس عمر میں آدمی کا دل و دماغ انتہائی اثر پذیر ہوتا ہے اور آسانی سے مڑنے اور ڈھلنے کی پوری صلاحیت اس میں رہتی ہے۔ ہاں یہ کہا تو جاسکتا ہے کہ تعلیم کے زمانے میں اور اس کے بعد بھی، تربیت تو ہم پاتے ہی ہیں لیکن تعلیم گاہوں میں وہ تربیت ہمیں کہاں ملتی ہے جس کی طرف میں اشارہ کر رہا ہوں۔ تعلیم کے زمانے میں ہماری قوتِ تنقید پراگندہ رہتی ہے اور اس کا ظہور اتفاقاً ہی ہوتا ہے اور کوئی معقول رہنمائی ہمیں مطلق نصیب نہیں ہوتی، وہاں تو ہم یوں ہی تیر چلاتے رہتے ہیں اور جب وہاں سے نکلتے ہیں تب بھی زندگی بھر تیر تکے ہی چلا چلا کر کام نکالتے رہتے ہیں۔

اس تیر تکے والی کیفیت کو کیسے روکا جائے، اصل سوال یہ ہے۔ حیوانات کو دیکھیے، اس معاملے میں ان کے مظاہرے ہم سے کہیں بہتر ہیں۔ تنقید کی یہ نعمت ان کو 'جبلت' کی شکل میں ودیعت ہوتی ہے اور بڑی حد تک ان کے تحفظ و بقا کا دار و مدار ان کی اسی جبلی قوتِ تمیز پر ہوتا ہے۔ ما قبل تاریخ انسانی کا آدمی بھی اسی قسم کی جبلت کا حامل تھا اور بچہ آج بھی اسی جبلت کا حامل ہوتا ہے، مگر جب بڑا ہو جاتا ہے تو اس کی یہ جبلت عقل و دانش بن جاتی ہے یا بن جانا چاہیے۔ ما قبل تاریخ انسانی کا آدمی اپنے اندر بہت ساری اور بھی جبلّتیں تقریباً اسی قسم کی رکھتا تھا جیسی جانوروں کے اندر ہوتی ہیں، مگر عقل و تعقل کی نشو و نما اور تمدن کی طرف اس کے تدریجی ارتقا نے ان جبلّتوں کو پژمردہ کر دیا۔ پھر رفتہ رفتہ وہ غیر ضروری ہو کر رہ گئیں، آخر ختم ہو گئیں۔ اور اب آدمی آہستہ آہستہ اپنی عقل و فہم پر اعتماد کرنے لگا اور یہ کیفیت بڑھتی چلی گئی۔ عقل و فہم کو جبلّتوں پر فوقیت اور برتری حاصل ہے، کیوں کہ جبلّتیں آنکھ بند کر کے یکسر میکانکی انداز سے عمل کرتی ہیں اور ان کو اپنے اجزائے ترکیبی یا نظامِ عمل کا مطلق شعور نہیں ہوتا۔ لیکن عقل اس کے برخلاف آنکھ بند کر کے میکانکی انداز سے عمل نہیں کرتی۔ یہ جبلّتوں سے بلند و برتر اس لیے بھی

ہے کہ اسے اپنے وجود کی پوری طرح خبر ہوتی ہے۔ جبلّتیں بقائے ہستی میں ہماری معاون و مددگار تو ہو سکتی ہیں لیکن عقل ہماری ترقیوں کے امکانات پیدا کرتی ہے، دروازے کھولتی ہے۔

پس تنقید ایک عقلی صلاحیت و استعداد ہے، اسے ڈھیلے ڈھالے انداز میں یوں کہیے کہ یہ ارتقا یافتہ اور مہذب و شائستہ شکل ہے جانوروں والی جبلّت امتیاز کی اور اسی کی مہربانیوں سے تمدن وجود میں آیا ہے لہٰذا بہتر سے بہتر نتائج و ثمرات کے حصول کے لیے ضروری ہے کہ اس کی پرورش و پرداخت نہایت ہی احتیاط کے ساتھ کی جائے اور جسمانی صلاحیتوں کی طرح اس کو بھی ایک سخت اور مرتّب قسم کے ضابطے کے ماتحت رکھا جائے یوں تو ہم لوگ اچھل کود بھی سکتے ہیں، دوڑ بھاگ بھی سکتے ہیں اور خوب چھلانگیں بھی لگا سکتے ہیں، لیکن سلیقے سے ناچنا اور ڈانس کرنا ہو تو اس میں حسن پیدا کرنے کے لیے یہ بڑا ضروری ہے کہ آدمی سخت سے سخت ریاضت و تربیت کی منزلوں سے گزرے، جسم پر، جسم کے اعصاب پر پورا پورا قابو اس کو حاصل ہو اور جسم کی ساری حرکتیں اور جنبشیں ایک بلند تر مقصد کے ماتحت اور مطیع ہوں، ٹھیک اسی طرح عقل و فہم کی صلاحیت و استعداد کو بھی باقاعدہ ترتیب دینا، اس پر قابو پانا اور ایک بلند تر مقصد کے ماتحت رکھنا ضروری ہے۔

بجز اس فوری ضرورت و احتیاج کے جو بقائے وجود سے تعلق رکھتی ہے، جانوروں کو اور کسی بلند تر مقصد کا شعور نہیں مگر مہذب اور متمدن آدمی کی نظر اس فوری اور پیش پا افتادہ ضرورت و احتیاج سے پرے بھی پڑتی ہے اور ظاہر ہے کہ پڑنی چاہیے، اس کی نظر میں فقط زندہ رہنا کافی نہیں۔ وہ اس ہستی کو اس لائق بھی بنانا چاہتا ہے کہ یہ ہستی قابلِ اعتنا ثابت ہو اور بلند تر زندگانی اور رفیع المرتبت طرزِ حیات کا تصور بھی کر سکتا ہے اور اس کا

طلب گار ہوتا ہے، اس بلند تر زندگانی اور رفیع المرتبت طرزِ حیات کی صحیح نوعیت کی بحث اس وقت میرے موضوع سے متعلق نہیں ہے

لہٰذا یہاں صرف اتنا تسلیم کر لینا بھی کافی ہے کہ فقط زندہ رہنا نہیں بلکہ اس سے بھی کچھ بلند اور بہتر صورتِ حیات کی طلب اس کی مراد ہے مگر یہ طلب پوری صرف اس صورت میں ہو سکتی ہے کہ تنقید کا صحیح استعمال کیا جائے کیوں کہ ہمارے برتر اور اشرف المخلوقات ہونے کا دعویٰ---- جیسا کہ میں نے عرض کیا، منحصر ہی اس بات پر ہے کہ بقائے ہستی کی فوری اور پیش پا افتادہ حلب و احتیاج سے پرے نظر رکھنے کی صلاحیت ہمارے اندر کتنی موجود ہے، ہم اس بات پر قانع نہیں ہو سکتے کہ ہمیں جو چیز جس حالت میں بھی مل جائے اسی حالت میں اس کو قبول کر لینے پر اکتفا کر لیں اور اموال و ظروف کے سامنے ہتھیار ڈال کر خود انہی کے سانچے میں ڈھل جائیں، جی نہیں ہم تو مسلسل غور و تامل سے کام لیتے ہیں، چیزوں کو خوب جانچتے اور پرکھتے ہیں، تب انھیں قبول کرتے ہیں

یا مسترد کرتے ہیں، حیات کی مثال اس جوار (مد) کی سی ہے جو اپنی حرکت میں معلوم تو خاموش و مست خواب ہوتی ہے لیکن ہر زندہ چیز کو دم بدم آگے ہی بہائے لیے چلی جاتی ہے۔ ہر زندہ چیز ابھرتی اور بڑھتی ہوئی مد کے ساتھ پے بہ پے ابھرتی بہتی اور بڑھتی چلی جاتی ہے۔ بجز انسان کے، ایک انسان ہی ہے جو حیات کا تفحص کرتا ہے اس کے اسرار و رموز پر قابو پانے کی جدوجہد کرتا ہے اور پھر ان کی قدر و قیمت اور حقیقت کو جانچتا، پرکھتا اور تولتا ہے۔

لہٰذا یہ واضح ہوا کہ تنقید کی قدر و قیمت کا انکار دراصل زندگانی کی قدر و قیمت کا انکار ہے اور اپنی ایک بیش بہا میراث کو قبول کرنے سے انکار ہے، تنقید تو ایک صحیح تربیت پائے ہوئے شائستہ اور مہذب دماغ کا عمومی جوہر و وصف بھی ہے اور اس کی بے انتہا

متنوع رنگا رنگ خصوصی شکلیں بھی ہوتی ہیں۔

بہر صورت تنقید ناگزیر ہے، ماہر دینیات ہوں یا فلسفی، ڈاکٹر ہوں یا وکیل، یا کوئی سائنس داں، تنقید کے تو سبھی دست نگر ہیں اور ان کو چاہے کوئی علم اس کا ہو یا نہ ہو تنقید کی کسی نہ کسی خاص شکل پر ان کا انحصار ضرور ہے۔ ساری تحقیق و تفتیش، ساری تلاش و جستجو اور ساری قیاس آرائیاں چاہے وہ فکر و خیال کی ہوں، چاہے مادّیات کی، چاہے روح کی۔ اگر ان سب کی ہدایت و انصرام کے لیے خصوصی اشکال و صور کے مرتّب نقشے بھی موجود نہ ہوں تو ان میں بڑا انتشار پھیل جائے گا اور وہ قطعی بے ثمر ثابت ہوں گی۔ پھر وہ آلات جو بحفاظت تمام ان کو ساحلِ مراد تک پہنچانے کے لیے خاص طور پر بنائے گئے ہیں، اگر نہ ہوں تو یہ ساری چیزیں تو ادھر سے اُدھر بھٹکتی بہکتی اور گھسٹتی پھریں گی۔۔۔

یہ آلات کیا ہیں۔۔۔؟ آلاتِ تنقید! جو اسی مقصد کے لیے وجود میں آئے ہیں کہ وہ حاصل ہونے والے تمام اعداد و شمار کی چھان بین کریں، ان کو جوڑیں اور مرتّب کریں، سنواریں اور درست کریں، جانچیں اور پرکھیں۔ لہٰذا وہ ماہرِ دینیات جو واقعات کو سند پر قبول کرتا ہے اور وہ سائنس داں جو کسی معقول سائنٹفک ثبوت کے بغیر کوئی چیز قبول نہیں کرتا، دونوں کو اپنے اپنے آلات پر یکساں اعتماد کرنا پڑتا ہے، یہ آلات بہت سے مواقع پر مادی صورت بھی اختیار کر لیتے ہیں، مثلاً نظامِ قانونی، جج، عدالتیں، قید خانے، پولیس اور قیدی یہ سب کے سب انہی کی ایک مادّی صورت تو ہیں، اس پیچیدہ اور بے ڈھنگے نظام کا مقصد اس کے سوا اور کیا ہے کہ چھان بین کی جائے، جانچا پرکھا اور فیصلے کیے جائیں، جالینوس کی قرابادین بھی یہی خدمت انجام دیتی ہے اور قرابادین ہی کی طرح عہد جدید کے علم طب کا مقصد بھی وہی ہے جس کے ذرائع اور وسائل لاتعداد ہیں۔ ماڈرن قرنبیق، آزمائشی نلکیاں اور دیگر آلات اور پھر ساز و سامان سے آراستہ عمل گاہیں سب

اسی کی مثالیں ہیں۔

یہ ساری چیزیں اور بالخصوص مادی آلات بے انتہا مفید ہیں پھر بھی ان کی افادیت محدود ہے اور یہ کسی قسم کے معروف حلقۂ عمل میں کام دیتے ہیں۔ کسی مریض کی نسبت معلوم کرنا ہو کہ وہ بخار کی وجہ سے جاں بحق تسلیم ہوا یا السر کی وجہ سے تو اس معاملے میں سارے کا سارا نظامِ قانون بیکار ہے، اسی طرح بغاوت یا مداخلت بے جا کا فریق دریافت کرنا ہو تو قرابادین اس کی 'تشخیص' میں قطعاً کوئی مدد نہیں پہنچا سکتی، پھر اس قسم کے بیشتر آلات مرض ہی کا پتا لگا سکتے ہیں یا جرائم کا مثلاً قانون کسی ملزم کے جرم کا یا کسی خاص جرم میں اس کی بے گناہی کا فیصلہ تو کر سکتا ہے لیکن یہ فیصلہ ہرگز نہیں کر سکتا کہ وہ شخص طبعاً معصوم ہے۔ کسی قانون پسند شہری پر قانون بالواسطہ ہی اثر انداز ہوتا ہے، وہ اس کے بے شمار ایجابی خوبیوں اور نیکیوں پر کوئی روشنی نہیں ڈال سکتا، قانون کا اصلاً تعلق سماجی خطا کاروں سے ہے، قانون پسند شہریوں سے نہیں، جیسے علمِ طب کا تعلق بیمار جسموں سے ہوتا ہے مگر طبعی طور پر جو آدمی صحت مند ہو اس کے حق میں میڈیکل سائنس کے جملہ اسباب و وسائل بالکل بے محل معلوم ہوں گے۔

بہر کیف روحِ تنقید کے خصوصی مظاہر کو زیادہ سختی کے ساتھ صرف انہی متعلقہ حلقوں تک محدود نہ رہنا چاہیے، زندگانی بڑی پیچ در پیچ تنظیم ہے، اس کے مختلف شعبے ایک دوسرے سے جداگانہ تو ہیں مگر سب کے سب اسی لیے ناقابلِ تقسیم انداز سے باہم مربوط بھی ہیں۔ بعض لحاظ سے کسی خاص شعبے کی مہارت خصوصی بڑی اچھی چیز ہوتی ہے بلکہ زندگی کی پیچیدگی اور آدمی کے عمر کے اختصار کی وجہ سے یہ کچھ ضروری بھی ہے کیوں کہ کوئی فردِ واحد اطمینان بخش علم و دانش کے تمام شعبوں پر قدرت حاصل نہیں کر سکتا، وہ زیادہ عرصہ تک زندہ بھی نہیں رہتا، اس لیے کسی ایک شعبے میں مہارتِ خصوصی پیدا

کر لینا اس کے لیے ضروری ہے مگر اس کو ایک 'لازمی برائی' (اور مجبوری) تصور کرنا چاہیے۔ ایک ماہرِ خصوصی (اسپیشلسٹ) اپنے آپ کو کسی خاص حلقے میں محصور کرلیتا ہے اور یہ حلقہ بڑا تنگ اور محدود ہوتا ہے، اس کی فکر و نظر محدود ہو کے رہ جاتی ہے، اس کا احساس تناسب ضائع ہو جاتا ہے پھر وہ اشیا پر نگاہ صحیح تناسب سے ڈال ہی نہیں سکتا۔ لہٰذا اسے یاد رکھیے کہ زندگانی کو چھوٹی چھوٹی ٹکڑیوں میں کاٹ کاٹ کر تقسیم نہیں کیا جاسکتا، علم و دانش کی مختلف شاخیں باہم پیوستہ اور مربوط ہیں اور ایک دوسرے کا سہارا ہیں، ایک وکیل کو اگر علمِ طب بھی حاصل ہو تو وہ بہتر وکیل ہو سکتا ہے، ایک ڈاکٹر اگر علم النفس بھی حاصل کرلے تو اس کی افادیت میں اضافہ ہو جائے گا اور بقول ایلیٹ اگر شاعر نقاد بھی ہو تو وہ بہتر شاعر ہو گا۔

تنقید کی بہت سی اور خصوصی شکلیں تو سامنے آئی نہیں، بس ایک ہی شکل 'ادبی تنقید' کے نام سے سامنے آئی تو اس پر خوب خوب سب و شتم ہوئی، سخت لے دے ہوئی۔ 'ادبی تنقید' اپنی ذات سے الگ کسی دوسری چیز سے متعلق ہوتی ہے اور یہ دوسری چیز ادب ہے، اس لیے ظاہر ہے کہ ادب کے بغیر خود اس کا کوئی وجود نہیں، تو پھر یہ ایک 'طفیلی' ہوئی، حالاں کہ طفیلی کا لفظ اس کے لیے کسی طرح صحیح نہیں۔ تنقید اپنے عمومی اور ہمہ گیر مفہوم میں جہاں فیصلوں کی قدر و قیمت کا تعین ہوتا ہو، عقل و فہم کے آزادانہ عمل اور فرق و امتیاز کے احساس و شعور کا معاملہ ہو، صرف ادب ہی سے متعلق نہیں ہوتی (اگر واقعی کسی چیز سے متعلق ہونا ہی اس کے لیے ضروری ہو) بلکہ حیات سے متعلق ہوتی ہے، تنقید تو ختم ہی اس صورت میں ہو سکتی ہے کہ خود حیات ختم ہو جائے، تنقید کو وجود میں لانے والی تو حیات ہی ہے اور پھر اپنے تسلسل و ارتقا میں اسی پر انحصار بھی کرلیتی ہے۔

عام طور سے 'تنقید' کا لفظ جب استعمال کیا جائے تو اس سے مراد ادبی تنقید لی جاتی

ہے۔ ایلیٹ کہتا ہے:

"مانتا ہوں کہ تنقید وہ شعبۂ فکر ہے جو یا تو یہ معلوم کرنے کی کوشش کرتا ہے کہ یہ شاعری کیا چیز ہوتی ہے؟ اس کے فوائد کیا ہے؟ یہ کن خواہشات کی تسکین بہم پہنچاتی ہے؟ اشعار لکھے کیوں جاتے ہیں؟ سنائے کیوں جاتے ہیں؟ یا ان تمام باتوں کے متعلق علم و آگہی کے چند شعوری یا غیر شعوری مفروضات قائم کر کے نظم و اشعار کی حیثیت متعین کرتا ہے"۔ ۱

(۱) لیکن جہاں تک میں سمجھ سکا ہوں، تنقید کے وظائف دو ہیں، نظری طور پر شعر کی ترکیب و ترتیب کی پیش بندی کرنا، زمین ہموار کرنا اور وہ خدمت انجام دینا جو نشانہ باندھتے وقت بندوق کی مکھی انجام دیا کرتی ہے، لیکن میرے خیال میں اس قسم کی 'پیش بینی' کی کوئی تحریری مثال جو شعرا کے علاوہ کسی کے لیے بھی سود مند رہی ہو، موجود نہیں۔ میرے کہنے کا مطلب یہ ہے کہ اصول نظم و آہنگ کی ابھرتی ہوئی صورت کو پیش کرنے والا تو بس وہی ہے جو اسے برتتا ہے، وجود میں لاتا ہے۔

(۲) شعر کی تراش خراش، اس کی عام نظم و ترتیب کو سنوارنا، جو بات ادا کی گئی ہو اس کی نوک پلک درست کرنا اور مکررات کو چھانٹنا، قلم زد کرنا بلفظِ دیگر وہ کام جو کسی نیشنل گیلری یا کسی بایولوجیکل میوزیم میں کوئی اچھی 'مجلس انتخاب' کرتی ہے یا کسی شعبۂ خاص کا نگراں انجام دیتا ہے، یعنی معلومات کو اس طرح مرتب کرنا کہ جب کبھی وہ کسی دوسرے شخص (یا نسل) کے سامنے پیش ہو تو اس کا جاندار حصہ فوراً واضح ہو جائے۔ اور فرسودہ و متروک قسم کی باتیں اس کا وقت کم سے کم ضائع کر سکیں۔ ۲ اس طرح بقول ایلیٹ دو نظریاتی حدیں مقرر ہو جاتی ہیں، ایک تو وہ حد ہے جہاں ہم اس سوال کو حل کرنے کی کوشش کرتے ہیں کہ "شاعری ہے کیا چیز"؟ اور دوسری حد وہ ہے جہاں اس

سوال کا جواب دیا جاتا ہے کہ فلاں نظم عمدہ ہے یا عمدہ نہیں ہے۔ [۳] مگر آج تنقیدی ادب کا سارا ذخیرہ موخر الذکر ہی سوال سے تعلق رکھتا ہے، یعنی آرٹ کی کسی خاص تصنیف کی خوبی و خرابی کو واضح کرتا ہے یا اس کی قدر متعین کرنے میں لگا رہتا ہے۔ اس میں شک نہیں کہ مقدم الذکر سوال کو حل کرنے کی کوشش بھی کچھ کی تو گئی ہے مگر یہ کوشش کچھ زیادہ کامیاب نہیں رہی۔

بہر حال بات صرف اتنی ہی نہیں کہ شاعری کی کوئی موزوں تعریف مل جائے اور جو مل بھی گئی تو اس سے فائدہ پہنچے گا۔ مسئلے کے زیرِ نظر مقاصد تو اس سے کہیں زیادہ وسیع ہیں، لہٰذا یہ گتھی اگر سلجھائی جائے تو اس سے نہ صرف یہ ہو گا کہ کم و بیش بے سود قسم کی کوئی نہ کوئی تعریف حاصل ہو جائے گی بلکہ اس رابطے کو سمجھنے میں مدد ملے گی جو زندگانی و شعر کے درمیان ہے ورنہ یہ مسائل ہنوز منتظرِ حل ہیں کہ مراحلِ حیات میں شعر و شاعری کس قدر و قیمت کی چیز ہے۔ ان مسائل کو حل کرنے کی کوشش سعی رائیگاں ہر گز نہیں ہو سکتی مگر عام طور پر تو لوگ اس بات کو جیسے فرض کر بیٹھے ہیں کہ ہم ان ساری باتوں سے آگاہ ہیں اور یہی سبب ہے کہ بیشتر نقادوں نے اپنے آپ کو بس نظم و غزل کی تشخیص و تعین ہی کے مسائل سے وابستہ کر رکھا ہے۔

اس طرح تنقید کے لازمی اور بنیادی پہلو کی طرف سے نسبتاً غفلت برتی گئی، جس کا نتیجہ لازماً یہی ہونا تھا کہ زندگی اور ادب---- زندگی اور ادبی تنقید کے درمیان ایک تفریق سی پیدا ہو کر رہ جائے۔ چناں چہ ادب کے بارے میں یہ خیال عام ہو گیا کہ اس کی حیثیت روزمرہ کی ضروریاتِ زندگی جیسی نہیں اس کا درجہ وہ نہیں جو ہماری زندگی میں دال روٹی کا ہے بلکہ وہ ایک قسم کی 'لکژری' ہے، تعیش ہے، اس تصور کی ذمہ داری ظاہر ہے کہ خود ہماری غفلت کے سر ہے، ہم نے زندگی اور ادب کے اس اہم رشتے کو فراموش

کر دیا جو چولی دامن کا رشتہ تھا۔ اس کا اثر یہ ہوا کہ ادبی تنقید کے معاملے میں وہ روش چل پڑی جس نے ادبی تنقید کو زندگی سے جدا ایک الگ تھلگ سی بے تعلق چیز بنا کے رکھ دیا اور ادبی نقد و انتقاد کی سرگرمیاں کچھ بہت زیادہ سود مند یا ضروری شے باقی نہ رہیں۔

عام لوگوں کی نظر میں ادبی نقد و انتقاد گویا ایسا بے نتیجہ و بے ثمر کام ہے جس میں چند بے وقوف و سہل انگار و تن آسان ہی قسم کے لوگ اپنے آپ کو الجھاتے ہیں، یعنی بس ایسے لوگ جن کو دوسرے مفید تر کام کرنے کی نہ تو خواہش ہوتی ہے نہ صلاحیت، لہٰذا وہ اسی میں لگے رہتے ہیں۔ ادھر ادبی تنقیدوں کا حال یہ ہے کہ ان پر بڑی عالمانہ اور محققانہ فضا طاری رہی ہے اور جن چیزوں کو ہم زندگی کے انگھڑ اور کھردرے اور عریاں حقائق کے نام سے یاد کرتے ہیں ان سے دور کا بھی واسطہ باقی نہیں رہتا، نتیجہ یہ کہ ان ادبی تنقیدوں کا رخ تجریدی عمومیات کی طرف رہتا ہے اور اگر کبھی تجریدی انداز نہیں بھی ہوتا بلکہ جزئیات و محسوسات کی طرف توجہ مبذول ہو جاتی ہے تو پھر وہ اور بھی پست ہو جاتی ہیں۔ سطحی قسم کے لفظی اور لغوی تجزیے کے سوا اور کچھ ان میں نہیں ہوتا، یعنی بس وہی ٹیکنکل کھیل جس کی بدولت نقاد کی ساری محنت و مشقت، ایک بے کیف اور سپاٹ نمائش و نمود بن کے رہ جاتی ہے۔ تنقید کی یہ دونوں صورتیں یکساں بے فیض، بنجر اور بانجھ ثابت ہوتی ہیں کیوں کہ ان دونوں صورتوں میں دل چسپی سمٹ سمٹا کر صرف اس چیز تک محدود ہو جاتی ہے جو نقاد کے پیش نظر ہو اور نقاد کی فوری توجہ کا مرکز جو چیز ہو جاتی ہے وہ دوسری تمام چیزوں سے بے تعلق اور منقطع رہتی ہے اور نقاد اسے پیش بھی قطعاً بے ربطی و بے علاقگی کے جذبے میں کرتا ہے۔

تخلیقی عمل کوئی سطحی اور سرسری شے ہرگز نہیں ہے، یہ تو ایک فطری عملِ انسانی ہے اور تھوڑی سی بھی تہذیب جس سوسائٹی میں موجود ہو گی وہاں اس عمل کا پایا جانا

ضروری ہے۔ اس عمل کا ربط دوسرے اعمال و افعال سے بڑا گہرا ہے۔ یہ کوئی الگ تھلگ اور بے علاقہ قسم کی چیز نہیں ہے کہ الگ تھلگ صورت میں پائی جائے، ریڈ لکھتا ہے کہ "ہماری نگاہیں پلٹ کر ماضی میں ڈوب جاتی ہیں اور صاف دیکھتی ہیں کہ آرٹ اور مذہب ماقبل تاریخ کے دھندلکے سے ہاتھ ڈالے ابھرتے نکھرتے چلے آرہے ہیں"۔[۴]

لہٰذا آرٹ کو کسی الگ تھلگ قسم کی چیز (یا کٹی ہوئی ٹہنی) کی طرح ہرگز نہ برتنا چاہیے۔ انسانی سرگرمی و عمل کے دوسرے شعبوں کے ساتھ اس کی وابستگی بڑی گہری ہے بلکہ یہ عرض کرنے کی پھر اجازت دیجیے کہ یہ ایک 'فطری عملِ انسانی' ہے، فطری طلب و تقاضائے انسانی کی تسکین بہم پہنچانے والا---- تاریخ بتاتی ہے کہ آرٹ ایک عمل ہے جو انسان کے ساتھ ساتھ وجود میں آیا ہے، ماقبل تاریخ کی اولین سے اولین سوسائٹی پر بھی ایک نظر ڈالیے تو معلوم ہوگا کہ لوگ اپنے گرد و پیش کی دنیا کی 'نقلیں' اتار اتار کر بڑا لطف و سرور حاصل کرتے تھے۔ ان کی یہ کوششیں اگرچہ بڑی بھونڈی اور خام ہوتی تھیں، پھر بھی ان 'نقلوں' کے دیکھنے والے تماش بین ہمیشہ موجود رہتے تھے۔ یہ حقیقت ہے کہ آرٹ انسان کے بعض فطری تقاضوں کے لیے سامانِ تسکین مہیا کرتا ہے، اس کے علاوہ آرٹ ہمیشہ متحرک قوت بخش اور حیرت انگیز ہوتا ہے اور ارسطو کی زبان میں تو "بعض اعتبار سے آرٹ دراصل وجود کی ایک بالیدگی ہے، نمو ہے"۔[۵]

ماقبل تاریخِ انسانی کے مطالعے سے اس تخلیقی عمل کی نوعیت و اہمیت واضح طور پر منکشف ہوتی ہے کیوں کہ اوائل عہدِ انسانی کی آرٹسٹک تخلیق اصل میں زندگی کی مطلق العنان اور دوٹوک انداز کی بے درد کیفیات سے ایک فرار تھی۔ ان کی زندگی میں ہر دن بجائے خود ایک نیا دن تھا، وہ روز اپنی ضرورت کی چیزیں مہیا کرتے تھے اور وہیں کے وہیں اپنی ضرورت پوری کر لیتے تھے، ان کی زندگی کو استقلال نصیب نہیں تھا، وہ عرصہ اور

مدت کے شعور سے بھی محروم تھے، حتیٰ کہ آج بھی ان قبائل کے کسی فرد کو جو تمدن سے بس واجبی ہی سا مس رکھتے ہیں، وعدہ و امید کا مفہوم سمجھانا بہت دشوار بلکہ ناممکن ہے، وہ اپنی فوری ضرورت اور فوری موقف سے آگے کی بات سوچ نہیں سکتا۔ وہ تو حوادثِ روزگار کے ہر موڑ پر بالکل جبلّی تحریک سے عمل کرتا ہے، لہٰذا وہ جب کبھی کسی آرٹ کی تخلیق کرتا ہے، مثلاً کسی جادو ٹونے کا سہارا لیتا ہے تو سمجھ لیجیے کہ وہ اپنی ہستی یا وجود کی ان بے درد کیفیات و احوال سے جو دو اور چار کے سے دو ٹوک فیصلے صادر کرتے رہتے ہیں، دراصل فرار چاہتا ہے اور ایسی چیز تخلیق کرتا ہے جو اس کے خیال میں کامل و مکمل اور وجودِ مطلق کا ایک نظر آسکنے والا مظہر ہے۔

اس طرح کچھ دیر کے لیے وہ گویا سیل وجود کو روک تھام لیتا ہے، ایک ٹھوس اور مستحکم شے بنا لیتا ہے 'زبان' سے ہٹ کر 'مکان' (Space) کی تخلیق کر لیتا ہے اور اس 'مکان' کی تشریح ایک خاکے کی صورت میں کرتا ہے پھر اس کے جذبات کی شدت اس خاکے کو نہایت ہی موثر شکل عطا کر دیتی ہے اور یہ ایک مرتّب قسم کی چیز اور ایک وحدت بن جاتی ہے، جس کو آپ اس کے جذبات و کیفیات کی ایک ہم معنی و ہم نوا تمثیل اور باقاعدہ مرادف کہہ لیجیے۔[۶]

تحلیلِ نفسی نے آرٹسٹک جذبہ و تحریک کی جو تشریح پیش کی ہے اس سے شاید روشنی اس پر اور زیادہ پڑتی ہے، کیوں کہ فرد کی نفسیات کے جو اصول ہیں ان کے مطابق "ہر انتشار عصبی کو ایک ایسی کوشش سے تعبیر کیا جا سکتا ہے جس میں آدمی برتری کے حصول کی خاطر، کمتری کے احساس سے نجات پانے کا متمنی رہتا ہے"۔

احساسِ کمتری بالعموم گھرانے کے ماحول میں ابھرتا ہے اور اس کی تلافی کے طور پر احساسِ برتری عموماً ایک واہمہ کی صورت میں قائم ہو جاتا ہے۔ مافوق الفطرت قسم کی

اونچی اونچی تمناؤں کے خواب دکھانے والا یہ واہمہ واہیات تو بیشک بہت ہے مگر لاشعور میں گھر بنائے جما رہتا ہے، البتہ معقولیت، ہمدردی اور تعاونِ باہمی کے جماعتی معیار و اصول کی وجہ سے دبا رہتا ہے، یہ دبا اور چھپا ہوا احساسِ برتری ویسے تو ہم میں سے اکثر و بیشتر افراد کے اندر موجود ہے لیکن ایک فن کار (آرٹسٹ) اس منزلِ کبریائی کے معاملے میں بڑا سنجیدہ ہوتا ہے۔ وہ حقیقی زندگی سے فرار اختیار کرنے پر زندگی کے اندر ایک اور زندگی کی جستجو اور اس کی تگ و دو سے رشتہ جوڑ لینے پر مجبور سا ہے، کیوں کہ ایک فن کار اسی بنیاد و مزاج پر فن کار ہوتا ہے کہ وہ اس حیاتِ باطنی کو مثالی شکل و صورت اور کمال بخشنا چاہتا ہے----

فرائڈ بھی اسی خیال کا حامی ہے، وہ کہتا ہے کہ "فن کار تو وہی ہے جو فطری اور جبلّی احتیاجات کے ان تقاضوں پر چلتا ہو جو حد درجہ پُر شور ہیں، وہ بھوکا ہوتا ہے اعزاز واکرام کا، طاقت و اقتدار کا، دولت و ثروت کا، شہرت کا اور عورت کی محبت کا لیکن تکمیلِ تمنا اور حصولِ آزادگی کے ذرائع سے محروم ہوتا ہے، لہٰذا دوسرے ناکامانِ تمنا کی طرح وہ بھی حقیقت کی طرف سے منہ موڑ لیتا ہے اور اپنی تمام تر دلچسپیوں کو اور اپنی جملہ تشنگی و ہوس کو بھی اپنی خواہشات کی اس تخلیق کی طرف منتقل و مبذول کر لیتا ہے جو اس کے واہمے کی دنیا میں جنم پاتی رہتی ہے"۔ فرائڈ نے بڑی وضاحت سے یہ بتایا ہے کہ کس کس طرح ایک فن کار اپنے واہموں کی عمارت اٹھا اٹھا کر اس شخصی چیز کو اپنے اظہار کی قوت سے، آرٹ کا ایک غیر شخصی اور ہمہ گیر روپ بخش سکتا ہے اور اسے اتنا دیدہ زیب و دل رس بنا سکتا ہے کہ دوسرے بھی اس کی تمنا کرنے لگیں۔

ادب پر نفسیاتی تحلیل کی یہ نگاہ میں تو نہیں ڈالتا لیکن تحلیلِ نفسی کے اس ماہر نے انتشارِ عصبی، احساسِ کمتری، جذبۂ برتری اور واہمہ پر جو کچھ لکھا ہے اس سے توثیق اس

حقیقت کی واقعی ہوتی ہے کہ فن کارانہ جذبہ و تحریک ایک فطری چیز ہے اور فن کار کے بارے میں جو یہ بات مشہور ہے کہ وہ مافوق الطبع (ابنارمل) ہوتا ہے، یہ صحیح نہیں۔ اس کی یہ 'مافوقیت' (ابنارملٹی) بھی فطری ہی ہے اور ہم جس چیز کی بدولت فن کار کی طرف کھنچتے ہیں وہ اس کی مافوقیت یا انبارملٹی نہیں بلکہ بنیادی طبیعت اور فطریت (نارملٹی) ہے۔ بہر حال وہ جذبۂ تحقیق جو فن پاروں کو وجود میں لانے کا ذمہ دار ہے اور وہ شعورِ نقد و انتقاد جو فن پاروں کی تعیّنِ قدر کرتا ہے، دونوں ہمارے اندر موجود ہیں اور یہ دونوں صلاحیتیں خلقی اور فطری ہیں، ان کی فطریت پر اعتراض، خود زندگی کی فطریت پر اعتراض ہے اور ان کی افادیت و قدر سے انکار بھی بہ لفظِ دیگر خود زندگی کی افادیت و قدر سے انکار کے مرادف ہوگا۔

مختصر یہ کہ تخلیق و تنقید کا ساتھ بالکل چولی دامن کا ساتھ ہے، زندگی ایک محیطِ بے کراں ہے اور اس پورے محیط پر بے شمار نقطے ہیں جہاں یہ دونوں باہم مخلوط و مربوط ملیں گے، اس لیے ظاہر ہے کہ کوئی تخلیقی کوشش الگ تھلگ رہ کر وجود میں آ ہی نہیں سکتی کیوں کہ ایک ہی چیز ہے جس کے بارے میں فن کار حد درجہ ذکی الحس ہوتا ہے اور اسی شدت سے اس کا اثر بھی لیتا ہے اور وہ ہے زندگی کی پیچیدگی---- یہی سبب ہے کہ ایک فن پارے کے اندر ایسی قوی اور سریع النفوذ لہریں موجود ہوتی ہیں کہ زندگی کے نازک سے نازک، بعید از بعید اور مخفی سے مخفی پہلو بھی متاثر ہوئے بغیر نہیں رہتے، لہٰذا وہ تنقید جو اتنے شدید اور اتنے عمیق ارتباطِ باہمی کی منکر ہو یا آرٹ کے کسی کارنامے کو 'اصولِ علّت و معلول' سے بے تعلق قرار دیتی ہو، وہ تسلّی بخش ہرگز نہیں ہو سکتی۔

حواشی

۱ 'دی یوز آف پوئٹری اینڈ دی یوز آف کریٹی سزم'۔

۲ میک اٹ ناؤ

۳ 'دی یوز آف پوئٹری اینڈ وی یوز آف کریٹی سزم'۔

۴ دی میننگ آف آرٹ۔

۵ پوئٹری اینڈ کرائسس۔

۶ دی میننگ آف آرٹ۔

* * *